This book belongs to the person named above.

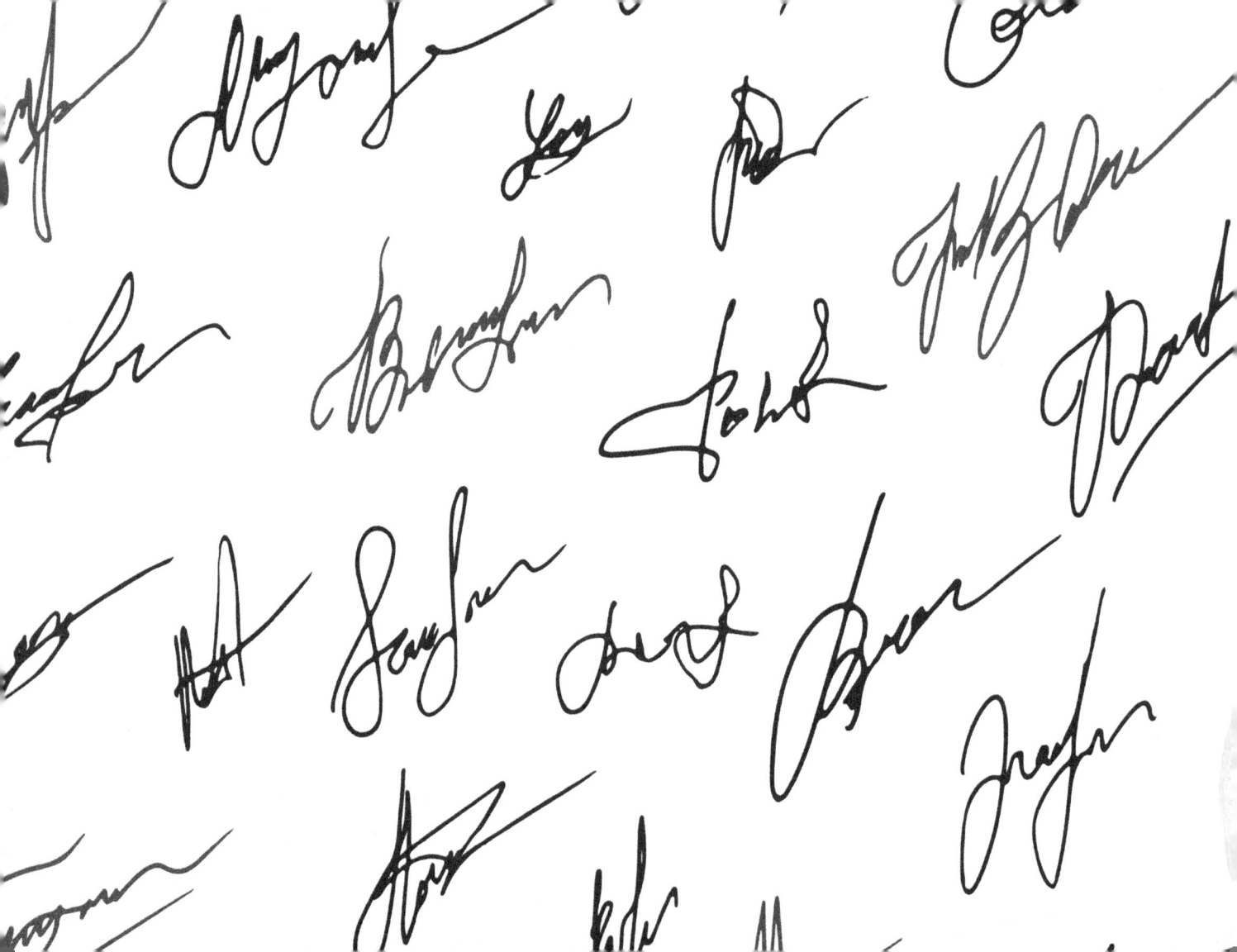

Autograph Book

Autograph Book

Autograph Book

Autograph Book

Autograph Book

Autograph Book

Autograph Book

Autograph Book

Autograph Book

Autograph Book

Autograph Book

Autograph Book

Autograph Book

Autograph Book

Autograph Book

Autograph Book

Autograph Book

Autograph Book

Autograph Book

Autograph Book

Autograph Book

Autograph Book

Autograph Book

Autograph Book

Autograph Book

Autograph Book

Autograph Book

Autograph Book

Autograph Book

Autograph Book

Autograph Book

Autograph Book

Autograph Book

Autograph Book

Autograph Book

Autograph Book

Autograph Book

Autograph Book

Autograph Book

Autograph Book

Autograph Book

Autograph Book

Autograph Book

Autograph Book

Autograph Book

Autograph Book

Autograph Book

Autograph Book

Autograph Book

Autograph Book

Autograph Book

Autograph Book

Autograph Book

Autograph Book

Autograph Book

Autograph Book

Autograph Book

Autograph Book

Autograph Book

Autograph Book

Autograph Book

Autograph Book

Autograph Book

Autograph Book

Autograph Book

Autograph Book

Autograph Book

Autograph Book

Autograph Book

Autograph Book

Autograph Book

Autograph Book

Autograph Book

Autograph Book

Autograph Book

Autograph Book

Autograph Book

Autograph Book

Autograph Book

Autograph Book

Autograph Book

Autograph Book

Autograph Book

Autograph Book

Autograph Book

Autograph Book

Autograph Book

Autograph Book

Autograph Book

Autograph Book

Autograph Book

Autograph Book

Autograph Book

Autograph Book

Autograph Book

Autograph Book

Autograph Book

Autograph Book

Autograph Book

Autograph Book

Autograph Book

Autograph Book

Made in the USA
Monee, IL
15 March 2021

62819099R00057